AF230213

# CATHOLIQUE

# RÉPUBLICAIN



PAR

## L'ABBÉ A***

*A*

*Messieurs de la majorité de la Chambre législative*

*à Versailles.*

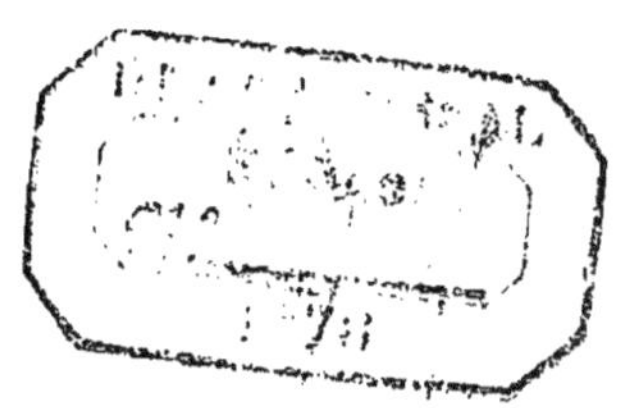

PARIS

**LIBRAIRIE GÉNÉRALE**

*Dépôt central des Éditeurs*

BOULEVARD HAUSSMANN, 72, ET RUE DU HAVRE

1878

Tous droits réservés.

# CATHOLIQUE
# RÉPUBLICAIN

*A Messieurs de la majorité de la Chambre législative
à Versailles.*

Messieurs les Députés,

Vous avez enfin la victoire, non pas une victoire de tournoi, mais une victoire *vraie*. — Car il y a eu positions de combat, marches combinées, engagements de toutes pièces et de toutes réserves, assauts désespérés.... chacun a fait ce qu'il a pu, tout ce qu'il a pu. — Votre triomphe est bien décisif cette fois : mes sincères compliments!

A présent, *væ victis !* — C'est juste. — Place à la loi du plus fort! Il n'y en a pas d'autre, à ce qu'il paraît, pour régler les choses d'ici-bas.

Cependant, Messieurs, je vois bien les vainqueurs. — C'est vous. Mais où sont donc les vaincus? Cette question est importante. Car si le voisinage des moulins à vent peut faire perdre du temps pendant la bataille, il n'est pas moins nécessaire de les éviter après la victoire. La république a vaincu, c'est incontestable; mais

## QUI AVEZ-VOUS VAINCU ?

Est-ce la *légitimité*, cette douairière errante qui, pourtant, ne paraissait guère d'humeur belliqueuse, depuis le jour où

elle s'est majestueusement drapée dans son *linceul blanc?*
C'est possible. Est-ce l'*orléanisme,* ce vieil enfant prodigue qui,
l'autre jour, retourna chez son père, croyant recueillir une
succession, et qui, à force d'évocations, aurait peut-être
consenti à secouer, une fois ou autre, le malencontreux
suaire paternel qu'on lui a si désobligeamment jeté sur les
épaules? C'est possible encore. Est-ce le *bonapartisme,* ce
*bâtard revenant* qui a tous les défauts de sa mère, — chacun
a les siens, — sans en avoir les qualités? C'est toujours
possible. Mais, à coup sûr, votre *vaincu,* ce n'est pas ce que
vous appelez.

## LE CLÉRICALISME.

Pourquoi dans cette lutte, dans cette défaite, le *cléricalisme* n'est-il pas le vaincu? Par la raison toute simple qu'il
n'a jamais été *combattant.* Vous vous récriez, je le sens;
mais veuillez prendre patience; j'espère que vous serez,
dans un moment, beaucoup plus de mon avis que vous ne
le paraissez maintenant. Et d'abord, comme rien n'entrave
une discussion autant que l'*équivoque,* permettez que je
commence par en écarter une énorme qui se présente à nous
dès le premier pas.

Ce mot de *cléricalisme,* que je vous ai pris sur les lèvres,
est d'un vague désespérant. Son élasticité, son amphibologie
sont telles, que tout ce que nous pourrions réunir autour
de ce caméléon insaisissable ne serait bientôt qu'une longue
divagation, aussi inintelligible pour vous que pour moi.
Sait-on au juste, ou même par à-peu-près, ce que l'on veut
dire, quand on applique à quelqu'un, en argot moderne,
la qualification de *jésuite?* Eh bien, pour moi, le mot
*clérical* ressemble au mot *jésuite,* comme une sottise ressemble à une ineptie: Expliquons-nous donc d'abord sur la
*chose,* et puis, avec votre permission, nous laisserons le

*mot* de côté. Vous ne le regretterez pas, je l'espère; car il exhale déjà son petit fumet injurieux, très-peu fait pour flatter le goût des gens comme il faut.

Lorsque j'ai dit que le cléricalisme ne vous a jamais fait la guerre, j'ai voulu parler de la sainte, de la pure, de l'inaltérable religion de Jésus-Christ, du *catholicisme*. — Y a-t-il, de par le monde, des gens qui, se couvrant hypocritement du manteau de notre foi, veulent à l'ombre de son étendard pacifique, asseoir l'orgueilleux monument de leurs humaines convoitises? C'est ce que je ne veux point chercher à savoir. Qu'il me suffise de dire que, si de tels hommes existent, nous les renions; ils n'ont jamais été des nôtres. Je n'ai donc pas à m'en occuper autrement que pour vous demander, si ce serait par hasard à eux, que vous entendez appliquer le nom de *clérical* dont il s'agissait tout à l'heure. Car, dans ce cas, je ne m'opposerais pas absolument à ce que vous le conserviez dans votre vocabulaire, à la condition, toutefois, qu'il leur soit exclusivement attribué par pure antiphrase, et à l'effet de distinguer les *faux* cléricaux de *véritables*, que nous appellerons désormais simplement *catholiques*. Je répète donc, et cette fois, en termes corrects et intelligibles pour tous :

## LE CATHOLICISME N'A JAMAIS COMBATTU
## LA RÉPUBLIQUE.

Ceci, Messieurs, a tout l'air pour vous d'une immense contre-vérité. Cependant, comme vous savez fort bien que la vérité aime quelquefois à se cacher sous une enveloppe en apparence mensongère, vous vous garderez bien de rejeter, sans l'examiner, cette proposition qui vous paraît étrange et que, pour le moment, je vous permets d'appeler paradoxale. Ce n'est pas que je me sente l'envie d'entasser beaucoup d'arguments pour prouver ce que j'avance. Comme nous avons à nous mouvoir, presque continuellement, dans le domaine des faits, la dialectique n'a que faire en cette matière. Mon intention est uniquement de faire un appel à votre sens calme et impartial. A tort ou à raison, vous vous croyez nos adversaires : eh bien, moi ici, je vous prends pour arbitres du différend. — Écoutez et jugez.

Comment le *catholicisme* aurait-il fait la guerre à la République ? Mais il ne l'a jamais faite à personne. Depuis les proconsuls de la Rome antique, qui sont déjà loin, jusqu'au vainqueur de la Rome moderne qui vient de passer aussi ; depuis saint Pierre jusqu'à Léon XIII, je vous défie de trouver sur lui d'autres armes que celles qui ont été enfoncées dans son cœur par les attaques successives du paganisme, de l'hérésie et de l'impiété. Ses armes à lui, c'est la *croix*, c'est la *patience*, c'est le martyre ! ... Il est vrai qu'avec cela il a vaincu le monde. Et vous vous garderez bien, je le sais, de lui reprocher cette victoire. C'est la seule qui ait profité aux vaincus.

La guerre..... qui est-ce donc qui nous l'aurait enseignée ? Le pauvre supplicié du Calvaire ? — Un jour, un ami voulut tirer l'épée pour lui contre des assassins....

*Remettez le glaive à sa place*, dit sévèrement le maître. — Et on vit la victime soigner et guérir le bourreau..... Et sur le sommet du Golgotha.... Mais je m'égare.

Excusez-moi, Messieurs, j'oubliais que je parle à des chrétiens. C'est peu généreux, de ma part, j'en conviens, de vous supposer mes adversaires en pareille cause. Evidemment, ce point est hors de conteste : jamais vous n'avez prétendu que le catholicisme ait aspiré à dominer par la force physique. Comme moi, vous lui reconnaissez le droit, qui appartient à tout le monde, d'employer la persuasion pour amener les hommes à ce qu'il sait être la vérité ; mais vous avouez en même temps que là s'est bornée son action. Seulement, si je vous comprends bien, c'est au sujet de l'exercice de ce droit que vous prétendez avoir à vous plaindre de lui.

Cette force de persuasion sur les masses, le catholicisme l'aurait employée, d'après vous, à vous battre en brèche, vous, les élus du suffrage universel, vous, la haute expression de la volonté nationale, vous, les défenseurs attitrés des libertés immortelles conquises au prix du sang de vos pères de 89. Le catholicisme enfin répudie la République : il a cherché à empêcher son établissement ; il cherchera à entraver son affermissement. — C'est là votre acte d'accusation ; c'est là son crime. Cette fois, nous nous entendrons bien : la question est posée carrément de votre part. Ma réponse ne sera pas moins explicite : car je soutiens précisément la contradictoire. Non,

## LE CATHOLICISME NE RÉPUDIE PAS LA RÉPUBLIQUE

Non, il ne cherchera à entraver en rien son paisible affermissement.

Si cette manière de présenter ma thèse a le mérite de rendre la question à résoudre claire et exempte d'équivoque, je reconnais sans peine qu'elle la rend par cela même d'autant plus scabreuse. Je m'étais déjà aperçu que je m'engageais sur un terrain dangereux ; mais ici je dois forcer la métaphore, pour exprimer ma position critique, et déclarer que ma plume va avoir à courir de rudes bordées, entre Charybde et Scylla. Vais-je contenter tout le monde ? Je ne puis ni ne veux y prétendre. Si, du moins, je parvenais à ne pas me faire fustiger par ceux-là même dont je veux ici défendre les intérêts !...

Au fait, je ne dois pas m'arrêter devant pareille incertitude. Je n'ai été payé par personne pour dire ce que j'ai à dire ; par conséquent, je n'entraîne la responsabilité d'âme qui vive. Par ce temps de suffrage universel qui court, il est bien permis à un citoyen, fût-il catholique, fût-il même prêtre, de dire honnêtement sa façon de penser. S'il se trompe, eh bien, ça ne sera jamais que *un* : et à chacun de ceux qui se croiront obligés de le désapprouver, il restera toujours la consolation de dire : *Il a tort, mais moi, du moins, j'ai raison.*

Je sens pourtant le besoin de m'enhardir moi-même contre l'éventualité d'une querelle de famille ; et pour cela je ne trouve rien de mieux que de répéter, en les accentuant, les termes de ma proposition. — *Le catholicisme ne répudie pas la République, parce qu'il n'est pas incompatible avec elle.*

S'il y avait incompatibilité entre la République et le catholicisme, c'est, sans doute, parce que celui-ci serait essentiellement lié à telle ou telle forme de gouvernement. Or rien n'est plus faux. Tout au contraire, l'essence du catholicisme, comme du reste de toute religion, consiste dans son indépendance absolue de tout système politique. Le mot religion, — *religare*, — l'indique assez. C'est comme un lien mystique qui tient unis, vers un but surnaturel, des hommes séparés par des intérêts terrestres. C'est une zone neutre où les adversaires, dépouillant leurs préoccupations du moment, se tendent amicalement la main. Là, ils ne se souviennent plus que de leur commune origine et de leur commune destinée : aussi ils prient le même Dieu.. ils aiment le même Père......

Tel est le catholicisme, tel l'a fait son divin fondateur. Quand ce grand architecte a jeté les premières assises de son Église qui devait abriter toutes les nations, il n'a nullement considéré s'il bâtissait sur les terres du césarisme, de la démocratie ou du parlementarisme. Bien plus, il a ordonné à ceux qu'il laissait pour continuer son œuvre de ne jamais s'inquiéter d'un pareil souci, de rendre joyeuse obéissance à leurs supérieurs temporels, sans distinction d'aucune sorte, même quand ils n'auraient pas leurs préférences et leur sympathie. Il n'a excepté qu'un seul cas : celui où ce supérieur temporel, se substituant au maître du ciel et de la terre, tenterait de porter une main sacrilége sur le code divin, devant lequel les plus grands potentats de la terre ne dépassent pas le niveau du plus humble de leurs sujets. Et encore, dans ce cas unique, notre doux législateur nous a rigoureusement enjoint de nous renfermer dans les limites d'une résistance absolument passive, absolument individuelle. Voilà pourquoi, les disciples du Christ savent souffrir, savent mourir ; mais conspirer, mais se révolter, jamais !

## POURQUOI CONSPIRERIONS-NOUS ?

Pourquoi nous révolterions-nous ?... Est-ce que nous avons ici-bas quelque chose à défendre ? Comme Français nous saurons, quand il le faudra, mourir pour la patrie ; mais, comme chrétiens, nous ne le pouvons pas : Car *nous n'avons pas de vraie patrie sur la terre....* Un jour, durant la vie mortelle du Rédempteur, quelques-uns de ses disciples lui demandèrent s'ils étaient obligés de payer le tribut à César. — Il y avait, à ce qu'il paraît, un César, et qui pis est, c'était un césar du dehors. — Ces pauvres disciples, hommes grossiers et imbus des idées terrestres partagées par la généralité des Juifs au sujet de la royauté du Messie, s'imaginaient que, le roi du ciel étant venu, les rois de la terre avaient désormais perdu tous leurs droits. *Rendez à César ce qui est à César.* Telle fut la réponse du Maître. Et, joignant l'exemple à la parole, Dieu paya le tribut à César. — Voyez-vous, ajoutait Jésus-Christ pour achever de les tirer de l'illusion,

# MON ROYAUME N'EST PAS DE CE MONDE

Ah ! pour le coup, voilà qui est bien dit ! me répondez-vous tous ensemble. Le royaume de Dieu n'est pas de ce monde.... Quel magnifique langage ! Qu'elle serait belle cette religion du Christ, si elle était bien comprise ! Dans le plan du divin fondateur en effet, l'Église devait marcher à travers les hommes, à travers les siècles, pour ainsi dire, sans les toucher. Chargée d'une mission exclusivement spirituelle, elle n'avait à s'occuper que d'affaires spirituelles, laissant au pouvoir civil le soin de régler les intérêts matériels et terrestres. De sorte qu'on peut dire que, dans l'idée de Dieu, la marche de ces deux pouvoirs devait ressembler au prolongement indéfini de deux lignes parallèles, conduisant, sans jamais se toucher, l'une les âmes, l'autre les corps, à cette commune destinée, qui est à la fois une fin et un commencement. C'est ainsi que nous apparaît la sublime religion du *Dieu qui règne dans le ciel.* C'est ainsi que nous l'aimons....

On est heureux, Messieurs, de vous voir vous faire les apologistes de notre Foi. Ce que vous venez de dire fait honneur à vos sentiments de chrétiens. Pour ma part, j'y vois une si bonne intention, que je vais bien me garder de relever le côté par où cloche votre comparaison. Je la goûte même assez, en tant que comparaison, et pour ce motif, je veux vous la laisser tout entière, et sans l'amendement qu'elle comporterait. Laissez-moi donc profiter du moment où nous nous trouvons à peu près d'accord, pour vous dire combien j'espère, que toute votre admiration ne va pas s'épuiser devant cette belle parole de Jésus-Christ : *Mon royaume n'est pas de ce monde.* Il en a dit bien d'autres, notre divin Sauveur, qui ne sont pas moins admirables, moins dignes de respect et, qu'assurément, vous admirerez, vous respecterez comme celle-là.

Mais avant d'aller plus loin, permettez, Messieurs, que nous nous donnions acte mutuellement des concessions réciproques que nous nous sommes faites jusqu'ici. C'est peut-être superflu pour vos esprits exercés aux grandes vues et aux considérations de longue haleine ; mais le mien, peu habitué à embrasser des horizons étendus, a besoin de s'orienter à toute heure, sur ce chemin qui pourrait devenir pour lui un labyrinthe : ma mémoire est celle d'un pauvre petit marchand ambulant qui, ne sachant pas écrire, doit cent fois par jour faire sa caisse sur ses doigts.

Si je ne me trompe, il reste acquis dans notre discussion que le christianisme, dans son principe et dans son institution, ne faisant acception d'aucun régime politique,

# LE CATHOLICISME PEUT S'ACCOMMODER
# DE LA RÉPUBLIQUE.

Voilà, comme disent les légistes, la question de *droit* réglée, et réglée à notre commune satisfaction. La question de *fait* va soulever, peut être, plus de difficultés. Cependant, j'ai idée que, si nous continuons à apporter à ce paisible débat chacun sa quote part de bonne volonté et de modération, nous finirons par nous entendre. Nous ne deviendrons pas, si vous le voulez, tout d'abord, de chauds amis, mais nous apprendrons à nous respecter mutuellement, en loyaux adversaires. Le double amour de la vérité et de la paix nous inspirant, nous serons ainsi conduits à examiner sérieusement si les griefs qui nous divisent ne seraient pas de regrettables malentendus.

Selon vous, le catholicisme, parfait, divin à son point de départ, aurait dévié de la ligne à lui tracée par son auteur. Primitivement haussé sur un piédestal qui le faisait planer au-dessus de la sphère où s'agitent les bas intérêts de la matière, il serait, de lui-même, descendu de ces régions célestes pour venir lutter dans l'arène des passions humaines. Ou plutôt, ce n'est pas le catholicisme qui serait descendu, mais bien les catholiques ; ce n'est pas Dieu qui aurait failli, mais les hommes. C'est ainsi que, renonçant aux immunités et priviléges de leur noble origine qui les rendaient inviolables, les fils du Ciel se seraient faits enfants de la terre pour courir les chances d'une lutte vulgaire et inutile contre des adversaires roturiers. Ceux-ci désormais, dispensés de respecter un agresseur qui forligne et ne se respecte pas lui-même, auraient complaisamment inscrit ce nouveau champion, aspirant à descendre, sur la liste déjà grosse des *partis politiques*, sous la rubrique dédaigneuse de *cléricalisme*.

Je ne sais, Messieurs, si j'aurai le bonheur de répondre victorieusement à tous les reproches que vous avez à nous faire : mais je crois, au moins, pouvoir me flatter de les avoir formulés franchement, et sans chercher à en adoucir les termes ou à en atténuer la portée. Cette manière de procéder pourrait bien m'être fatale ; car, de la sorte, je risque de me laisser entraîner et de m'égarer dans les innombrables dédales que déroulent devant moi vos pressantes objections. Heureusement que danger signalé est facilement évité. Je m'inquiéterai donc peu de savoir si je laisse, sans les examiner, un certain nombre de faces de cette question multiple. Mon but, je ne puis l'oublier, mon unique but est de vous faire voir, que vous vous trompez quand vous dites :

## LE CATHOLICISME EST UN PARTI POLITIQUE.

Cette imputation, vous l'appuyez naturellement sur des faits, vrais ou imaginaires : pour la détruire, je n'aurais, ce semble, en bonne logique, d'autre moyen, que de chercher à contester les faits par vous allégués, ou à les infirmer par d'autres faits contradictoires. Et cependant, la question est ici de telle nature que, contrairement aux règles ordinaires, qui défendent d'argumenter contre les faits, je puis vous prouver votre erreur par un argument *a priori*. — Je le soumets à votre appréciation, en vous promettant de ne pas revenir à cette forme aride de conversation.

Le catholicisme est divin à son origine : vous l'avez dit en beaucoup meilleurs termes que moi. Il a été fait essentiellement spirituel et placé en dehors des influences de ce monde ; de telle sorte, que si jamais il venait à tomber au niveau d'une institution humaine, il perdrait sa vitalité et ne serait plus propre à la fin pour laquelle Dieu l'a fondé. D'un autre côté, en établissant son Église, Dieu l'a faite immortelle. Elle doit durer tant qu'il y aura des hommes à racheter, c'est-à-dire *jusqu'à la consommation des siècles*. Rien ne peut *prévaloir contre elle*, ni l'erreur, ni *les puissances de l'enfer*. — Tout cela est parole de Dieu, ni plus ni moins que le fameux : *Mon royaume n'est pas de ce monde*. — Donc, de deux choses l'une : ou le maître s'est trompé quand il a dit que son Église ne faillira jamais, ou il n'est pas vrai, comme vous le dites, que le catholicisme ait dévié du plan divin. Or, il aurait dévié, s'il était en ce moment un *parti politique :* donc, *a priori*, cela est démontré impossible.

Et, en effet, qui oserait admettre que cette Église, bâtie sur le roc inébranlable de la parole de Dieu, ayant reçu pour mission de conduire à leur héritage éternel les hommes rachetés par un sang divin, puisse succomber, comme une œuvre vulgaire, à un point quelconque de sa marche providentielle ? Enfants de l'Église immortelle, jamais vous ne découvrirez assez de taches sur le front de votre mère pour qu'il vous soit permis de vous demander si elle a cessé d'être l'épouse fidèle et immaculée de votre Père du ciel !!!...

Cependant, me direz-vous, on ne peut pas nier que, depuis longtemps, le catholicisme ne fasse montre, à l'égard des institutions républicaines, d'une hostilité, des plus acerbes ; de telle sorte que *Républicain* et *Catholique* paraissent désormais deux mots qui s'excluent l'un l'autre. — Ici prennent fin les préliminaires : nous entrons de plain-pied dans

## LE VIF DE LA QUESTION.

Je vous y suis bien volontiers, et, sans plus de retard, je saisis la proposition que vous venez de formuler pour vous faire observer qu'il ne saurait y avoir excessivement longtemps que cette hostilité existe, puisque hostilité il y a. Car nous ne touchons pas encore à l'an *cent* de la République, et nous avons déja dix-huit siècles d'existence. Mais je ne veux pas chicaner avec vous : d'autant plus qu'en appesantissant sur cette question de chronologie, je pourrais peut-être réveiller quelque réminiscence d'une certaine fable de la Fontaine. Et certes, comme je me soucie fort peu de réclamer pour mon client le rôle du *Loup*, qui lui appartiendrait, pour raison d'âge, je n'insisterai pas pour faire remarquer à l'*agneau qui tette encore sa mère* qu'il aurait tort de se plaindre de ce qui s'est fait *l'an passé*.

Cette réserve faite au sujet de la proposition ci-dessus, je n'éprouve aucune peine à la laisser passer sous la forme modifiée que voici : *Depuis l'apparition de la République en France, il s'est établi entre elle et l'Église catholique un antagonisme tellement tranché, que les mots Républicain et Catholique paraissent s'exclure l'un l'autre.* — Mais qu'est-ce à dire ? Que le catholicisme est l'ennemi né de la République ? que celui-là cherche à éliminer celle-ci, précisément parce qu'elle s'appelle République ?... Pourquoi ne serait-ce pas aussi bien que la République est l'ennemie née du catholicisme et qu'elle cherche à l'annihiler ? Cette conclusion est tout aussi légitime que la première. Mais, croyez-moi, ne tirons ni l'une ni l'autre : elles sont peut-être toutes les deux fausses. Du reste, en raisonnant ainsi, chacun de son côté, nous ne parviendrions qu'à décrire une infinité de cercles plus vicieux les uns que les autres, et je crois que des gens raisonnables ont quelque chose de mieux à faire. Cherchons, par exemple, d'où peut provenir cet antagonisme qui n'est que trop réel. Bien sûr, il y a là-dessous quelque malentendu : réunissons nos efforts pour souffler, une fois pour toutes, sur ce perpétuel brouillon des affaires privées et publiques.

## LE CATHOLICISME N'AIME PAS LA RÉPUBLIQUE.

Inutile de le nier. — Pourquoi ne l'aime-t-il pas ? Ce n'est pas assurément parce qu'elle s'appelle République et que son mode de gouverner différé de celui des autres. Pourquoi alors ? — Je vais vous le dire franchement.

Il est de fait notoire que, toutes les fois que la démocratie a eu le dessus en France et est parvenue à prendre la direction des affaires, l'Église catholique a toujours eu à souffrir. Pour une raison ou pour une autre, l'avénement de la République a toujours coïncidé avec une commotion religieuse. Là est tout le mystère ! Que voulez-vous ? sans être précisément superstitieux, on peut parfois se laisser aller à subir l'influence du sophisme : *Post hoc, ergo propter hoc.* Toutes les fois qu'un tel homme s'approche de vous, vous éprouvez sur vos épaules l'impression très-caractéristique d'un coup de bâton : vous serez bien pardonnable, je l'espère, si la figure de cet homme ne vous est pas des plus sympathiques, et si, à son approche, vous sentiez instinctivement le besoin de vous abriter.

Notez que j'ai parlé simplement de coïncidence : je n'ai pas dit que la République ait frappé le catholicisme. J'ai dit et je répète :

# LE CATHOLICISME A ÉTÉ FRAPPÉ SOUS LA RÉPUBLIQUE.

C'est un fait que je constate, rien de plus : et de ce fait, j'espère que vous ne me demanderez pas des preuves qui seraient aussi désagréables à ma plume qu'à vos oreilles. C'est déjà trop d'avoir soulevé, dans le passé, le coin d'un sombre voile de douleur....

Loin de moi, Messieurs, la pensée de vouloir envenimer un débat dans lequel, je vous le jure, mon unique intention est de porter tout l'apaisement possible. Il m'aurait donc bien mal compris celui qui s'imaginerait que je viens faire un procès à la République, en la rendant responsable du mal qui a été fait à la religion sous ses différents règnes. Je déclare, au contraire, qu'après avoir examiné le plus attentivement que j'ai pu le vrai programme de ce parti politique, je n'ai trouvé nulle part qu'il se proposât d'affranchir son peuple de ce grand lien social, qui, seul, rend les hommes gouvernables : la religion. J'ai même appris, par une expérience personnelle, qu'il y a dans vos rangs, et en grand nombre, des gens qui aiment et pratiquent les vertus évangéliques aussi bien que certaines personnalités bruyantes qui affectent de se parer orgueilleusement des livrées du cléricalisme et revendiquent le droit exclusif de décerner des brevets d'orthodoxie.

Mais là n'est pas toute la vérité. S'il est vrai qu'à son sommet, la démocratie renferme assez d'honnêteté, assez de prudence, assez de sens politique pour respecter la chose la plus respectable du monde, il est aussi malheureusement trop prouvé que, dans ses couches inférieures, cette même démocratie contient je ne sais quel levain funeste qui, à un moment donné, soulève les masses comme les flots d'une mer en furie et les précipite, inconscientes, contre les marches de l'autel naguère vénéré. Qui est responsable de ces excès ? Il ne faut peut-être s'en prendre qu'à la perversité de l'humaine nature, qui abuse des meilleurs choses, surtout de la liberté. Toujours est-il, qu'en face de ce phénomène, gênant pour vous, et redoutable pour nous, celui-là serait déraisonnable qui s'offenserait de voir le catholicisme regarder avec un œil de défiance l'avénement d'un régime politique qui lui a toujours été si funeste. L'instinct de la conservation est aussi naturel aux sociétés qu'aux individus.

Sans doute, vous empressez-vous de répondre, ces excès du temps passé auxquels vous faites allusion sont déplorables : nous les condamnons, nous les flétrissons autant que personne au monde. Mais ne serait-il pas possible de montrer qu'ils étaient, sinon légitimés, du moins rendus excusables par les provocations des prétendues victimes ? Soutiendriez-vous par exemple qu'il n'y ait pas eu aussi

## LES ABUS, LES EXCÈS DE L'ANCIEN RÉGIME?

abus et excès tolérés sinon fomentés et nourris par la religion ?......

Oh ! de grâce, Messieurs, ne me ramenez pas sur le terrain brûlant des récriminations ! Je crois l'avoir évité jusqu'à ce moment, il me répugnerait beaucoup de m'y sentir rejeté. Ah ! la question des responsabilités !..... elle est si difficile à débattre parmi les hommes, même les plus modérés ! Voyez plutôt... Quand un grand désastre s'est répandu, comme un voile de mort, sur une grande nation :... essayez de trouver un coupable : vous ne rencontrerez que des accusateurs ! C'est que l'homme, de sa nature menteur, ment surtout quand il s'agit d'avouer une faute : c'est toujours le voisin, l'adversaire qui est le coupable. Ne cherchons donc pas la vérité là où nous savons qu'elle ne peut être trouvée.

Du reste, à quoi nous servirait, dans la question présente, le pénible labeur d'une répartition de charges ? Tout au plus à constater plus fortement encore le fait irrécusable qui constitue toute ma thèse. Et ce fait, que perdez-vous à le reconnaître avec moi? en quoi votre cause sera-t-elle compromise, quand vous m'aurez accordé, ce que vous ne pouvez pas convenablement me nier, à savoir : que chaque apparition de la République en France a coïncidé avec un certain malaise pour le catholicisme? Moi, je ne prétends tirer de là que l'explication toute naturelle de la défiance dont nous avons parlé plus haut.

Pour vous, vous avez infiniment mieux à faire : c'est de répéter, à cet endroit, une parole que vous avez plus d'une fois murmurée du bout des lèvres, en écoutant l'ennuyeux discours que je vous débite.

## QUI SONGE A VOUS PERSÉCUTER?

me disiez-vous, ce me semble tout à l'heure. Cette religion dont vous vous faites beaux, n'est-elle pas aussi la nôtre? Nous la respectons, nous l'aimons autant et mieux peut-être que ceux qui font profession de la défendre de nos coups. Vous parliez tantôt de moulins à vent : prenez garde vous-même, de courir contre nous la ridicule aventure de don Quichotte. Grâces à Dieu, nous ne sommes pas des mécréants... Qu'on touche à cette arche sainte, à cette religion de nos pères et de nos enfants, et vous verrez si les républicains ne savent pas être, quand il le faut, des chrétiens...

Merci! Messieurs. Cette déclaration nous fait du bien : elle nous rassure. Car, voyez-vous, pourquoi vous le cacher? nous commencions à avoir peur ; non pas cette peur qui agite les muscles du corps et fait les âmes pusillanimes, — les disciples du Christ ne l'ont jamais connue. — Notre peur était cette émotion dont ne peut se défendre aucun être vivant à l'approche du danger et qui, chez nous, au lieu d'abattre les courages, les exalte au contraire à la hauteur du martyre.

Avions-nous tort de craindre? — Il faut le croire, puisque vous nous rassurez de la sorte. Pourtant, depuis quelque temps, il y a dans l'air je ne sais quelles exhalaisons suffocantes, qui sentent horriblement le monstre que vous traitez de chimère. Sous le nom de justes représailles, de précautions nécessaires, hier encore, on faisait résonner des mots sinistres qui rappellent les plus tristes jours. Sans doute aujourd'hui, comme les autres fois, il faut mettre ces clameurs menaçantes au compte des enivrements de la victoire. Tout cela, c'est certain, s'en ira en grondements inoffensifs. Car vous êtes là pour réprimer les excès, éteindre les appétits immodérés de cette tourbe frémissante qui surnage au-dessus de l'éruption démocratique, comme les scories sur les laves d'un volcan. Plus heureux que vos pères de 89 et vos frères de 70, vous dirigerez à votre gré cette chose terrible qui s'appelait jadis *l'hydre révolutionnaire* et qui, entre vos mains, n'est plus qu'un grand enfant mineur n'ayant de la *bête* que la *bêtise*. Vous lui ferez comprendre, à ce pupille cher à votre cœur, que si la persécution est funeste aux victimes, elle ne vaut rien pour les tyrans.

Eh bien, donc, puisqu'il en est ainsi : s'il est vrai que le catholicisme n'ait rien à redouter de la République : si la liberté que celle-ci nous apporte ne doit être l'esclavage de personne, pas même des honnêtes gens ; si, pour tout dire en un mot, votre code moderne ne doit abroger en rien l'antique et divin code qu'aucun pouvoir n'a jamais violé impunément, eh bien, alors nous vous dirons : *République, soyez notre Reine !*

## RÉPUBLIQUE, SOYEZ NOTRE SŒUR !

Le mot est lâché.... A moi maintenant de m'en tirer comme je pourrai !...

— Il a osé dire que l'infâme République peut devenir l'alliée, la sœur du catholicisme !.... Quelle lâche désertion ! quelle sacrilége capitulation ! ! !

— Il nous voit triomphants, il cherche à se mettre avec nous, afin de pouvoir manger à deux râteliers....

A qui vais-je répondre en premier lieu ?... Bah ! si je ne répondais à personne.... ça serait plus vite fait...

Nous avons jusqu'ici causé sans dire de gros mots. N'êtes vous pas d'avis, Messieurs, que nous continuïons notre paisible chemin comme cela, sans descendre dans le ruisseau ? Laissons-y barboter, si ça leur plaît, sans même leur donner le coup de pied qu'ils méritent, ces petits carlins du ricanement et de l'insulte. D'ailleurs, regardez bien : ceux qui m'ont interpellé si grossièrement, les uns comme les autres, ce sont des *radicaux*..., ici les *rouges* et là les *blancs*. Passons entre deux et continuons.

Est-il vrai qu'il puisse survenir tel concours de circonstances que nous voyions un jour le catholicisme et la République vivre en bonne harmonie et se prêter un appui réciproque et fraternel ?

C'est bien ce que j'ai avancé et je ne retire pas le mot. Quel obstacle, s'il vous plaît, pourrait rendre cette éventualité impossible ? y a t-il une contradiction quelconque entre les éléments constitutifs de ces deux institutions ? Nous avons avancé tout le contraire ; et je crois que ce ne serait pas une besogne bien ardue de prouver qu'entre l'Église primitive, telle qu'elle est sortie des mains de son fondateur, et une sage République, la distance n'est peut-être pas bien grande.

Ce qui est toujours certain, on ne saurait trop le répéter, c'est que, par son origine comme par sa destinée surnaturelle, le catholicisme doit être et est, par le fait, indifférent à toute sorte de gouvernement temporel. En conséquence, la Royauté, l'Oligarchie, l'Empire, la République ont un égal droit à son respect à ses suffrages, dès le moment qu'ils se présentent sous la forme régulière d'un pouvoir constitué. Il n'est donc permis à personne de traiter d'utopie, et moins encore de crime, l'espérance, le vœu, que tout cœur chrétien doit nourrir, de voir un peuple entier redevenir une seule *âme*, un seul *cœur* pour chanter le *Domine salvam fac Rempublicam*, avec la même sincérité qu'il a chanté *Domine salvum fac Imperatorem*.

Je termine ici la digression pour revenir à vous, Messieurs les Députés. Car vous êtes impatients, je le sais, de jouir de l'embarras que vous espérez me causer en cet endroit de notre discussion. Que je ne retarde pas votre plaisir.

N'ai-je pas dit que le catholicisme doit être et est réellement indifférent à tout système de gouvernement temporel? En effet; et cette proposition, je l'ai même présentée sous plusieurs formes: je l'ai répétée avec certaine affectation, nuisible peut-être à la correction et à la pureté de mon style, qui ne se pique guère d'atticisme, mais assurément très-propre à faire entendre que je la considère comme le point de repère, le pivot de mon argumentation. Or, je m'en aperçois, vous vous préparez à souffler sur elle et à renverser ainsi tout l'échafaudage qu'elle soutient.

Pour me clouer contre le mur, il ne vous reste qu'à prononcer ces quatre mots :

## ROYAUTÉ DE DROIT DIVIN.

Et ce qu'il y a de plus curieux c'est que, si j'ai le malheur d'être embarrassé, vous ne serez pas les seuls à jouir de ma déconvenue. Il y en a bon nombre d'autres, qui ne sont pas de *chez vous*, qui sont même quelque peu vos ennemis, et qui, pour cette fois, feront *chorus* avec vous ! Seul contre tous ! Pour le coup, si j'en réchappe, je suis des bons.

Eh bien, cependant, votre épouvantail ne m'épouvante pas du tout. De l'embarras, je n'en sens d'aucune sorte. Je dirai ma façon de penser.... Chacun dira ensuite la sienne... on choisira.... C'est ma manière, à moi, de me tirer d'affaire.

Pour commencer, je vous avouerai en toute franchise que je n'ai jamais pu faire entrer dans ma mauvaise tête qu'il y ait quelque part, sur notre planète, ce que l'on appelle une *royauté de droit divin*. Que Dieu ait déposé entre les mains de l'homme un pouvoir qui lui assure la libre direction de la famille dont il est le chef naturel, rien ne me parait plus raisonnable. Que le divin fondateur de l'Eglise universelle ait, en montant au ciel, délégué à ses représentants sur la terre le rayonnement de son pouvoir spirituel, rien encore de plus compréhensible. Et, en ce qui concerne les sociétés temporelles, étant donné un gouvernement établi dans des conditions que nous n'avons pas à spécifier ici, que le chef de ce gouvernement exige au nom de Dieu le respect et l'obéissance de ses sujets, c'est encore très-légitime ; car, pour ce dernier cas comme pour les deux autres, le droit est fondé sur une loi divine, c'est toujours un *droit divin*.

Mais, qu'après avoir pris si peu de souci des rois et des puissances de la terre, pendant qu'il conversait parmi eux, notre législateur se soit décidé du haut du ciel à désigner la famille privilégiée dont les membres auront, à travers les siècles, le droit héréditaire, inamissible, *divin*, de commander à leurs semblables, c'est ce qu'il me paraît plus difficile de soutenir. Cette opinion, — heureusement ce n'est qu'une opinion, — me semble impliquer une contradiction des plus flagrantes. Dieu ne peut, en effet, avoir établi une forme spéciale de gouvernement temporel et avoir donné en même temps la liberté, que dis-je ? le commandement d'obéir à un pouvoir tout contraire. Pour Dieu, pas plus que pour les hommes, il ne peut y avoir de droit opposé au droit.

Cette théorie du droit divin, en politique, se comprend sous la loi judaïque. Il s'agissait alors du seul peuple hébreu, que Dieu avait séparé de tous les autres peuples, pour en faire, comme dit le texte sacré, *sa part, son héritage* exclusif. Les positions respectives étaient là nettement tranchées et les rôles clairement dessinés. Les Juifs savaient fort bien qu'ils étaient réellement le *peuple de Dieu*. Dieu, à son tour, se montrait vraiment roi par la sollicitude avec laquelle il daignait descendre jusqu'aux plus petits détails des affaires temporelles, en faveur de cette nation privilégiée qu'il gardait comme la *prunelle de son œil*.

Et néanmoins, chose digne d'attention ! quoique les droits temporels de Dieu sur son peuple fussent des plus incontestables ; quoique la théocratie fût le système de gouvernement à la fois le plus honorable et le plus avantageux pour les Juifs, on remarque que Dieu ne se montra pas tellement jaloux de son droit, qu'il ne permit à ses sujets de faire l'essai successif de plusieurs autres espèces de gouvernement. Il est vrai que quand il leur accorda un roi, ce ne fut que *ad duritiam cordis* et pour qu'ils y trouvassent le châtiment de leur ingratitude. Mais ce n'est pas tout

A peine la royauté avait été enfantée par une miséricordieuse condescendance, le front de l'élu du Seigneur était encore tout humide de l'onction céleste, et déjà le principe d'hérédité recevait une rude atteinte : le premier roi de *droit divin* ne transmit pas le sceptre à son fils. Par ordre de Dieu, il fut donné à un étranger ; comme pour faire comprendre que le Seigneur ne veut partager avec personne son immutabilité.

Si donc le principe de droit divin fut si précaire chez les Hébreux, où, même humainement parlant, il paraissait si facile de le maintenir dans toute sa pureté, que penserons-nous de son application sous la loi nouvelle ? Ici, il ne s'agit plus d'un seul petit peuple confiné dans un coin de terre, mais de tous les peuples répandus sur la surface du globe, qui sont appelés à faire partie de la nouvelle Jérusalem.

L'Église est catholique : par cela seul, elle doit pouvoir s'accommoder à toutes les variétés de gouvernement nécessitées par le tempérament et les mœurs de chaque portion de la grande famille humaine.

Qu'on dise donc ce que l'on voudra, mais jamais on ne me fera croire que Dieu, parce qu'il aime la France, ait entendu lier indissolublement son existence à telle branche d'une telle dynastie, quelque digne qu'elle soit d'ailleurs d'une élection divine. Jamais surtout je ne pourrai admettre que notre sublime religion, placée si au-dessus des futilités de ce monde, soit obligée de soutenir les prétentions de tel parti politique, qui croit avoir reçu de Dieu et conserver intact, à travers les vicissitudes des événements humains, le problématique pouvoir de dicter des lois.

J'avais promis de dire ma franche façon de penser : j'ai tenu ma promesse. Il se pourrait même que j'aie dépassé mon but, en insistant outre mesure sur un point qui a tout l'air ici d'un hors-d'œuvre. Je vais donc essayer de me faire pardonner ma digression, messieurs les Députés, en me posant à moi-même une question qui va me reporter en plein dans mon sujet et qui peut-être vous intéressera.

S'il n'est inféodé à aucun système politique,

## LE CATHOLICISME N'A-T-IL PAS DES PRÉFÉRENCES ?

On ne peut nier, en effet, que l'Eglise, indifférente en principe à toute combinaison gouvernementale, n'ait eu l'air, en ces derniers temps, de faire un choix parmi les nombreux compétiteurs qui se disputent la périlleuse gloire de présider aux destinées de notre pauvre France. C'est la royauté héréditaire de la branche aînée des Bourbons, qui paraît avoir rallié la presque unanimité des membres du clergé et beaucoup de personnalités marquantes, représentant l'élément laïque du catholicisme. Vous voulez, sans doute, que je vous explique comment j'entends que cela soit arrivé? — Je le ferai sans répugnance ; et l'explication que j'ai à vous donner là-dessus servira merveilleusement à en compléter une autre que je n'ai fait qu'ébaucher plus haut.

A propos de la répulsion éprouvée de tout temps par le catholicisme à l'égard de la démocratie, vous vous souvenez que j'en ai indiqué la cause dans la constatation de ce fait déplorable, que les tribulations de l'Eglise en France ont invariablement coïncidé avec l'avénement de ce régime politique. Eh bien, la prédilection de l'Eglise pour la Royauté héréditaire est précisément le corrélatif de cette répulsion et s'explique par une raison analogue. L'Eglise catholique ne peut oublier tous les bienfaits qu'elle a reçus de la royauté et, dans son désir bien naturel de voir la continuation de sa prospérité, elle a toujours fait des vœux pour le perpétuel renouvellement d'une race chez laquelle la piété et l'amour de la religion sont héréditaires comme le sceptre. Et ce désir s'est encore augmenté récemment en elle, de toute la crainte que lui inspirait l'avénement possible d'un gouvernement qu'une triste expérience lui avait appris à redouter. Voilà l'explication du mystère.

Mais cette attraction de l'Eglise pour la Royauté française a-t-elle réellement une raison d'être? y a-t-il dans le passé quelque chose qui la justifie? Pour s'en convaincre, il suffit de jeter les yeux sur cette

## LARGE ESQUISSE HISTORIQUE.

Ce ne sera pas une digression cette fois, mais plutôt un fil conducteur, une espèce de clef qui nous ouvrira bien des portes. Puisse-t-elle nous ouvrir celle de la paix et de l'union ?

Sortie des entrailles du Calvaire, la divine source évangélique formée du sang d'un Dieu et bouillante de son amour, s'était élancée pour purifier le monde de ses souillures et le féconder pour la grande moisson du ciel. Le champ était vaste et les ouvriers peu nombreux. Plus de trois siècles étaient déjà passés, et l'antique sol des Gaules, trop éloigné du nouveau foyer civilisateur, ne produisait guère encore que de sombres forêts et des chênes séculaires propres tout au plus à abriter les sacrifices sauvages des victimes humaines. Les *Francs* parurent un jour, et les *druides* refoulés durent aller cueillir leurs *gui sacré*, aiguiser leurs faucilles d'or et leurs haches de silex, dans les humides bas-fonds de la vieille Armorique. Car, avec les Francs arriva Dieu et son Eglise. Le premier roi de France fut Clovis; les autres ne comptent pas.

Or, ce Clovis fut plus que roi de France. Tolbiac vit une double victoire : le lourd Allemand précipité dans le Rhin qu'il ne devait pas *encore* franchir; et le front du *fier Sicambre* courbé sous la croix du Dieu de Clotilde.

Grand fut l'événement de ce jour à jamais mémorable. Un pacte solennel s'établit entre le christianisme et la royauté qui naissaient en même temps sur les rives de la Saale. Le christianisme recevait promesse de respect, de protection; la France devenait la *fille aînée* de l'Église, son roi, le premier *chevalier* du Christ. Désormais, il faudra dire *Gesta Dei per Francos*.

On doit bien le reconnaître, jamais traité ne fut mieux observé par les parties contractantes. La paix non plus ne fut pas troublée un seul instant. L'Église et la Royauté ont marché comme deux sœurs jumelles, en se donnant la main. Rien n'a pu briser leur intimité, pas même les divers changements de dynasties survenus sur le trône de France, changements opérés sous les yeux de l'Église, avec son approbation, quelquefois même peut-être sur sa décision. Car, c'était bien avec la royauté et non avec le roi, que Dieu avait fait alliance.

C'est ainsi que ces deux chaînes, l'une divine, l'autre

royale, se sont prolongées le long des siècles jusqu'à nos temps. La chaîne divine continue à se dérouler; car son extrémité est au ciel; la chaîne royale est rompue. Quelques-uns de nous en ont pu voir briller le dernier anneau ; plusieurs ont assisté à un raccordement éphémère, et tous nous avons failli voir se renouer, pour des siècles encore, cette antique couronne de lis, qui aurait certainement projeté sur les destinées de la France plus de lumière et moins de nuages qu'on ne le dit.

Quoi qu'il en soit et pour resserrer notre discussion, disons qu'en face de ces grands traits rapidement esquissés de notre double histoire politique et religieuse, personne n'osera plus s'étonner de cette sympathie, de cette quasi-solidarité qui s'est établie entre le catholicisme et la royauté française. Deux êtres qui se rendent de mutuels services, qui se complètent l'un l'autre, peuvent-ils s'empêcher de s'aimer, de chercher à rendre leur union indestructible?...

Ici, pour achever de faire bien comprendre mon idée, j'ai besoin d'établir une

## HYPOTHÈSE RÉTROSPECTIVE.

Supposons, qu'à son apparition sur le sol vierge de la nouvelle France, le christianisme, au lieu de trouver attaché à la *francisque* des Saliens, le drapeau royal de Mérovée, y eût vu flotter n'importe quels insignes de n'importe quelle République descendue des montagnes de la Scandinavie, ou poussée des bords du *Palus-Meotides* par les hordes des Goths, des Huns ou des Hérules. Que serait-il arrivé? — Absolument la même chose.

C'est-à-dire, l'alliance que nous avons vue se conclure entre la religion et la Royauté se serait identiquement reproduite avec la République, à moins de supposer, ce qui serait par trop gratuit, que celle-ci eût éprouvé pour sa sœur jumelle une répulsion que rien n'eût pu justifier. Les mêmes causes amenant les mêmes effets, dans des conditions égales, la même union, la même solidarité seraient nées de ce commerce journalier de bons offices, entre deux institutions dont les intérêts se touchent par tant de côtés.

Inévitablement cette communauté d'intérêts aurait imposé aux deux pouvoirs qui se partagent tout l'homme et qui exercent sur lui chacun sa part d'une influence indivise la nécessité de rendre la bonne entente durable. Les choses auraient donc marché dans notre hypothèse comme elles ont marché dans la réalité, sans que jamais le catholicisme se fût avisé d'examiner si le mot de République sonnait à l'oreille aussi agréablement que celui de monarchie. Je me trompe : comme il arrive infailliblement qu'on trouve toujours agréable le nom de l'être qui nous est cher, il est hors de doute que le mot de République eût joui du prestige dont jouit aujourd'hui celui de monarchie; et, en ce moment, par un renversement de rôles qui peut nous paraître plaisant, mais qui assurément eût été bien naturel, nous verrions l'étiquette de *cléricalisme* apposée sur le front d'une *légitimité républicaine* : et celle-ci, ayant à lutter contre les envahissements de la monarchie qui voudrait prendre sa place, trouverait à son tour dans l'Église catholique, l'appui et les préférences accordés de fait à sa rivale.

A toute discussion raisonnable il faut, Messieurs, vous le savez, une

## CONSÉQUENCE PRATIQUE.

La mienne, je l'ai déjà insinuée plus haut. Pour plus de clarté, je vais la formuler d'une manière plus explicite.

Si la République veut que l'Église catholique dépose sa défiance vis-à-vis d'elle; si elle veut être acceptée franchement,

non pas comme un fléau, non pas même comme un pis-aller,
une pénible nécessité ; mais bien comme une auxiliaire, qui
l'aide à conduire la Société vers son but éternel, que la
épublique imite la Royauté. — Qu'a fait la Royauté ?

Elle a pris sous sa protection cette fille du ciel qui n'avait pas de royaume sur la terre. S'apercevant que l'influence de la religion s'exerçait essentiellement dans le sens
de la moralisation des peuples, elle l'a considérée comme
un élément nécessaire à son existence, et dès lors n'a pas
hésité à la faire entrer comme partie intégrante de sa constitution. Sans obéissance point de société possible, partant
point de gouvernement : or, sans principe religieux,
point d'obéissance. La royauté le savait bien. Dès lors, -
pour elle, les ouvriers évangéliques, au lieu d'être des adversaires, devinrent au contraire des associés du pouvoir
civil qui, par eux, agissait sans contrainte sur les consciences
c'est-à-dire sur l'homme raisonnable, et assurait, de la manière la plus efficace, la complète obéissance aux lois.

On vit alors se renouveler le touchant spectacle qu'offrirent les dix tribus d'Israël lors de leur entrée dans la terre
promise. Les neuf tribus se partagèrent le sol fertile que Dieu
venait de leur livrer, après quarante ans de luttes et de
souffrances : seule, la tribu de Lévi ne reçut aucune portion de cet héritage : son royaume à elle n'était pas non
plus de ce monde : cétait la tribu *sainte* et les bras de ses
enfants ne devaient s'appliquer qu'à de célestes travaux.
Faire monter vers le trône de Jéhovah l'odeur embaumée de
leurs encensoirs d'or ; faire descendre sur les champs d'Israël la rosée bienfaisante et la chaleur qui mûrit les moissons, répandre enfin aux pieds des autels le sang des victimes expiatoires pour retenir sous les tentes de Jacob la
victoire que seul peut assurer le *Dieu des armées :* telles
étaient les constantes occupations des lévites.

Aussi, ne devaient-ils pas se trouver distraits de leur sublime mission par la moindre des préocupations terrestres.
C'est pour cela que chacun venait à l'envi déposer sur les

degrés du temple les prémices de son champ, de sa vigne. Ce n'était pas un tribut qu'on payait : c'était un don de reconnaissance, et en même temps un gage assuré des nouveaux bienfaits qui allaient couler sur l'heureux peuple fidèle à son Dieu.

Quelque chose de semblable se produisit entre la société française et l'Église sous les premiers rois. La nouvelle tribu sainte avait à remplir une mission mille fois plus sainte encore que celle de la tribu de Lévi. La terre entière s'offrait à ses incessants travaux, à ses immortelles conquêtes. Pour les accomplir avec dignité et vigueur, elle devait se sentir, elle aussi, affranchie des entraves matérielles qui embarrassent le reste des hommes.

La Royauté le comprit et s'appliqua à briser ces liens, en créant pour les ministres du culte une existence sociale exceptionnelle, dont aucun des autres ordres de la nation ne s'avisait d'être jaloux. Ce ne fut pas tout. Entraînés par l'exemple de leurs rois, les peuples, qui aiment instinctivement cette religion qui leur apprend à n'être pas trop malheureux sur la terre et à se préparer le bonheur parfait du ciel, les peuples vinrent spontanément se ranger sous la houlette de leurs dévoués pasteurs, et, brebis reconnaissantes, voulurent partager avec eux le lait de leurs mamelles, la laine de leurs toisons. Tout le monde sentait que, si par sa tête, la sublime religion du Christ touchait au plus élevé des cieux, elle devait nécessairement avoir un point d'appui sur la terre, puisque Dieu l'avait promulguée par les hommes et pour les hommes.

De là les libéralités de la société civile pour la société religieuse, libéralités qui n'ont jamais été réglées par d'autres lois que par celle de la reconnaissance et de la plus légitime des amitiés : loi sans doute bien fondée sur la nature des choses, puisqu'elle a été respectée, confirmée même par tout ce qui est venu, depuis plus de quatre-vingts ans, essayer de prendre la place laissée vide par cette antique, cette respectable Royauté française. Car elle a disparu elle aussi, comme c'est la condition de tout ce qui est humain. Et à ce propos, permettez, Messieurs, que je vous rappelle en finissant un

## ÉPISODE INSTRUCTIF.

Il appartient essentiellement à notre histoire contemporaine, puisqu'il marque à la fois la fin de la monarchie héréditaire et l'avénement de la République. En méditant sur ce dernier tableau que j'offre à vos réflexions, vous apprendrez peut-être à mieux connaître, à mieux admirer cette religion, que vous connaissez, que vous admirez déjà tant. Dans tous les cas, vous y puiserez un enseignement utile pour votre position présente et un secret que vous ne sauriez acheter trop cher. Car s'il est difficile de vaincre, il est bien plus difficile encore de savoir profiter de la victoire.

Un jour, emportée par un vent venu on ne sait d'où, la monarchie française disparut. La terre trembla si fort sous les débris du trône, que l'autel en fut tout ébranlé. Ils étaient si proches !... Cependant, chose étrange ! quoiqu'ils fussent comme soudés l'un à l'autre, après quelques oscillations, quelques moments de trouble qu'il faut toujours accorder à toute forte commotion, le catholicisme se retrouva debout comme auparavant. Ah ! c'est que celui-là ne peut périr ! un bon prophète l'a dit....

La Royauté n'est plus ! Quelque chose a pris sa place. Qu'est-ce ? Nul ne le sait : car cela change tous les jours... Et puis, il ne faut point regarder en face : ce n'est pas beau.... ça a même du sang sur le visage. Mais il paraît que ce n'est qu'un masque.... sous ce plâtre dégoûtant on dit qu'il y a du bon. Nous verrons bien !.... Les métamorphoses continuent....

Enfin une figure se débrouille dans un chaos... Le catho-

licisme semble lui sourire. Pourtant ce n'est pas la Royauté :
car, elle n'est pas belle non plus, cette figure, tant s'en
faut ! D'ailleurs la Royauté est morte.... Le catholicisme le
sait bien : il a même été pleurer longtemps sur sa tombe,
comme on pleure sur la tombe d'une sœur.... N'importe,
il sourit encore au nouveau venu.... il l'acclame... et cela
dure longtemps.

Trop longtemps peut-être pour une figure qui n'est pas
belle, et qui n'a pas fait tout beau...

Cependant ne dites pas, pour cela, que nous sommes des
transfuges..... que nous avons abandonné notre drapeau.
Car, vous le savez, le catholique n'a pas d'autre camp que
son Église.... son drapeau, c'est la croix !....

Or, justement, ce nouveau venu a relevé la croix... Il a pro-
tégé l'Église !

## RÉPUBLIQUE, RELÈVE AUSSI LA CROIX ! PROTÉGE AUSSI L'ÉGLISE ! ! !

IMPRIMERIE CENTRALE DES CHEMINS DE FER, — A. CHAIX ET Gⁱᵉ,
RUE BERGÈRE, 20, A PARIS. — 5372-8.

www.ingramcontent.com/pod-product-compliance
Lightning Source LLC
Chambersburg PA
CBHW051243070726
47594CB00013B/2456